www.ingramcontent.com/pod-product-compliance
Lightning Source LLC
Chambersburg PA
CBHW062205080426
42734CB00010B/1804

Antología Literaria
EIDE COSQUÍN 2018

1º Encuentro Internacional de Escritores Cosquín

Antología Literaria Eide Cosquín : 1° Encuentro Internacional de Escritores Cosquín / Zira Luz Aimé ... [et al.] ; compilado por Gladys Viviana Landaburo ; editado por Gladys Viviana Landaburo ; fotografías de Julia Grover. - 1a ed . - Cosquín : Del Alma Editores, 2018.
  224 p. ; 21 x 14 cm. - (COSQUÍN / Landaburo, Gladys Viviana; 1)

  ISBN 978-987-3907-11-1

  1. Antología de Cuentos. 2. Poesía Argentina. 3. Antología de Poesía. I. Zira Luz Aimé II. Landaburo, Gladys Viviana, comp. III. Landaburo, Gladys Viviana, ed. IV. Grover, Julia, fot.
  CDD A860

Provincia de Córdoba

LEGISLATURA

La Legislatura de la Provincia de Córdoba

Declara

Su beneplácito por la realización del *"1ᵉʳ Encuentro Internacional de Escritores de la ciudad de Cosquín"*, evento desarrollado los días 18 y 19 de enero en la ciudad de Cosquín, Departamento Punilla.

Córdoba, 7 de febrero de 2018.-

GUILLERMO CARLOS ARIAS
SECRETARIO LEGISLATIVO
LEGISLATURA PROVINCIA DE CÓRDOBA

D-20357/18
Expte. 24072/L/18

OSCAR FÉLIX GONZÁLEZ
PRESIDENTE PROVISORIO
LEGISLATURA PROVINCIA DE CÓRDOBA

¡ERES COSQUÍN PUEBLO CULTURA!

Tienes en tus caminos
voces que cantan
Entres tus sierras, en tu tierra
y en la juntura de los ríos
en ese abrazo...
nace tu río ¡*RÍO COSQUÍN*!
que se deleita
en el canto popular...

Tienes en tus caminos
cuerpos que danzan
y al bailar sus almas hablan
del sentir de un pueblo,
y de su arraigo a sus raíces,
¡que no claudican!

Eres lo que se ve
y lo que se siente,
que se atesora,
que se defiende,
que se rescata,
¡y se reafirma!

Eres el alma
de nuestro pueblo,
en su legado
eres llama viva,
y en tus venas
el arte vivo
de tu pueblo ...

¡Eres COSQUÍN
pueblo cultura!

Gladys Viviana Landaburo ©2011

*No dejes de creer que las palabras y las poesías,
sí pueden cambiar el mundo
(Walt Whitman)*

ZIRA LUZ AIMÉ

Tucumán

Argentina

ZIRA LUZ AIMÉ

ZIRA LUZ AIMÉ SE INICIÓ FIRMEMENTE EN LA LITERATURA EN EL AÑO 2016.

ES:Escritora
Payaterapeuta
Cuentacuentos de Terror
Recitadora Peñera
Directora Eejecutiva de COLEAM
Pertenece a los grupos literarios:

-El Quijote
-Ecopoetas
-La Secta del Terror
-Animarse a Gritar
-Peña Nuestra Identidad
-SADE Tucumán
-SURITANGO
-Los Nómades
-Literalmente Locos

Participó en varias antologías entre ellas:

Taller El Quijote
Azahares Mujeres del Jardín
Latidos del Corazón II
Festival de la Palabra 2017 (Del Parque)

Participa activamente en Encuentros Nacionales e Internacionales
Recibió menciones por su aporte a la Cultura
En breve nacerá su libro "Acurrucado Grito"

100 Poetas Por La Paz 2018
Mujeres Alma de Papel (Antología)
Lazos de Familia (Antología)

LA QUE TE PARIÓ

Hablemos de ésa mujer...
la que te parió.
Esa misma mujer
la que un día de rodillas
te abrazó cuando te caíste.
La que escucha tus murmullos
hace oídos sordos.
Esa misma...
a la que no se le hinchan las piernas...
a la que a tu parto llegó contenta...
a la que a tu padre le arrancó juventud.
La que no sabe de dolores...
del día de Gracia...ni de feriados.
La que hace sopa de gallina
con besos que calman
la fiebre que lleva tu cuerpo.
La que se emociona cuando dices:
-Vieja ya me falta poco.
La que te abrazó a escondidas
por ese amor no correspondido.
La que hizo su cuerpo manta
porque el techo se llovía.
La que sabe que eres hombre
lo mismo te ve como un niño,
perdona una y otra tus faltas
que se miente que no van
a volver a suceder.
A la que llevas el alma
en tus noches de salidas,

que solo la vence el cansancio
se duerme con rezos despacitos.
¡La qué te parió!
Esa misma hijo,
a la que olvidas de abrazar,
a la que no miras a la mesa,
a la que pretendes silenciar
porque dices que es "mal hablada",
la que llora, sin tu saberlo.
¡Esa misma!
La que supo hacerte derechito
sin saber cómo hizo
la que te parió.

MI DUEÑO

Si la muerte por casualidad viene,
me busca, me arranca de tu lado...
vaya sabiendo que de mí
no se lleva nada.
Porque a mis ojos los hice mar
para recorrer tu cuerpo,
a mi alma brisa
para hacerte el amor.
Qué puede robarme la muerte,
si el día que dormí en tus brazos
dejé clavado mi corazón.
Mis manos sudorosas...
atrevidas...insolentes...
se perdieron entre tus piernas
en caricias escondidas de calor.
Me rio de saberme burlona
de la oscura muerte
que por querer mi alma se engaña,
lleva carne que los gusanos
satisfechos...imperantes
una vez más se hacen dueños
de carroñas estupefactas,
de un alma que hace mucho
tu amor robó.

ASÍ

Quiero inventarme
en un viento pampero,
que mueva las flores,
al camino polvoriento.
Ser alas de un ave de alta montaña,
recorrer los mares, avistar tu alma.
Ser agua de río en curso,
lavar tu cuerpo, calmar tus ansias.
Cobijo de estrellas,
farol de luna llena,
susurro de brisa a tus oídos.
Quiero inventarme
árbol de copa ancha,
ladrona de tus ojos verdes.
Besos de tu piel húmeda,
cajita de recuerdos amarillos,
boleto de un viaje inesperado.
Quiero inventarme
en la perfección humana,
tener calma de caricias en mis manos,
cabellos desdeñados se tiempos de cenizas,
estrías...marcas redondeadas...arrugas.
Ser luz de tus ojos cuando duermes,
amor de noches nocturnas,
cuerpo desnudo de pasiones olvidadas.
Quiero inventarme como soy
sin tan siquiera un detalle de menos
ni un detalle de más.
Quiero inventarme así,

con todos mis defectos:
remolona, mal dormida, de carácter fuerte,
de malas costumbres, de cuerpo descontrolado.
De tanto inventarme, estoy segura,
en todas las formas y vidas
seguiré como siempre amándote.

VOCES

Siento unas voces que salen
desde el fondo de mi alma.
Me confunden...me perturban...
me marean...me voltean.
Es tan cruel el destino que se mezcla
con mis mejores recuerdos,
utiliza mis sentidos...
clava mil cuchillos a mi corazón...
a mis tripas las estrujan
como paños bien mojados.
Las voces saben bien cuánto lo amaba,
como cada día por él me levantaba.
En la noche de sus insomnios
lo velaba con mis lágrimas...
a su rostro acariciaba con mis besos...
a sus manos bien juntitas las apretaba.
Él tenía en sus ojos la muerte bien marcada...
su cuerpo de piel pegada...
sus huesos se le notaban...
su alma me rondaba buscando paz
que yo egoísta le negaba...
lo quería conmigo para siempre.
Las voces seguían murmurando sin sentido.
Una tarde bonita de verano
cuando sus ojos apenas lagrimeaban...
un quejido lastimoso rasgaba
su boca seca ensangrentada,
pude ahí mi arma en su pecho...
en un último beso mientras

sus frágiles manos me acariciaban:
apreté el gatillo por ese amor
que tanto le profesaba.
Las voces aún murmuran a mis espaldas...
justo aquí en el veinteavo piso
de una azotea de la nada,
esas voces(que ya no son malditas)
me dicen que él me espera
con sus besos bien mojados.

MARÍA ELENA ALTAMIRANO

Córdoba

Argentina

MARÍA ELENA ALTAMIRANO

MARIA ELENA ALTAMIRANO

Vive en Cosquín, provincia de Córdoba; a los 14 años descubrió que le gustaba escribir poesías y rimar palabras, soñaba con tener un libro de poesías de su autoría, pero le parecía un sueño utópico y lejano, aun así nunca dejó totalmente la afición por la escritura y cada tanto aparecía la inspiración que quedaba plasmada en algún papel.

En 2001 participó con una poesía en el concurso literario "Juan Filloy" realizado por la Sociedad Cordobesa de Escritores, obteniendo un diploma de reconocimiento.

En 2014 surgió la oportunidad de participar con sus poesías en la Antología Literaria Internacional de Cuento y Poesía "Sueños & Secretos", junto a importantes autores de varios países de habla hispana.

En 2015, obtuvo un diploma por la participación en el Primer Concurso de Poesía de la página de Facebook "Destellos de Versos Libres".

Ha participado en diversas antologías de la mano de la editorial Del Alma Editores, tales como "El Eco de la Musas II", "Luces de la memoria", "Alma y Corazón en Letras" y "Cóctel Intimo", junto a varios autores hispanoamericanos.

También ha participado en antologías de Encuentro de Escritores tales como "Unidos por las Letras" y "Antología IV"

En 2016 vio la luz su libro de cuentos infantojuveniles "Los Fantásticos Cuentos de la Abuela – Poniéndole Alas a la Imaginación", que fue declarado de Interés Municipal en la ciudad de Cosquín y del cual ya salió la segunda edición.

DUENDES COSCOÍNOS

A pesar del día fresco,
a pesar que esté nublado,
es Octubre y en Cosquín
los duendes van despertando.

Son esos duendes traviesos
con bombo por corazón,
con violín y con guitarra
y también con acordeón.

Son esos duendes que traen
pura fiesta y alegría
con folklore y su magia,
condimentando la vida.

Son los mismos que en Enero
dan vida al festival
y gozan cuando te invitan
a cantar y a bailar.

Yo vivo en ese lugar
donde los duendes despiertan
cada vez que una guitarra
toca zambas chacareras…

Cada vez que un bailarín
le saca chispa a una cueca

y con amor a sus raíces
la vida misma festeja.

SOLO ESO

Quiero ser luz en tu camino,
oración en la desesperanza,
bellos recuerdos que aniquilen el olvido;
en la odisea, la salida que ves en lontananza.

Quiero ser la sombra que a tu calor le de sosiego,
agua que alivie tu garganta seca,
quiero estar ahí si todos se han ido,
quiero acompañarte, aun cuando no tengas metas.

Quiero ser tu apoyo si tus piernas ceden,
ser tu sonrisa cuando de felicidad desbordes,
quiero ser los sueños que en tu alma crecen,
y ese mundo por descubrir que desconoces.

Quiero estar presente cuando me necesites,
cuidarte, ser útil, acompañarte,
tienes mi amor, aun si no lo pides
y mi arenga a seguir y no quedarte.

Quiero ser cobijo que te quite el frío,
quiero ser tu sol entre la nube gris,
en cualquier momento podrás contar conmigo,
sabiendo que tu plenitud me hace muy feliz.

LOS VERÁS

Los verás caminando,
también estar sentados,
para un lado y para otro,
juntos por todos lados.

Figuras en las nubes
los verás dibujar,
con la mirada perdida
y mirando sin mirar.

Los verás a los dos
buscando en el pasado,
el paisaje colorido,
que hoy oscuro se ha quedado.

Las horas serán muy largas,
las tardes se harán eternas
y la noche pasará
de largo con la tristeza.

Los verás muy pensativos,
juntos, inseparables,
verás cómo duele el tiempo
ante lo irreparable.

Siempre juntos de la mano,
ellos dos y nadie más,
los verás cómo conversan
él y su soledad.

QUIEN GANA

Llega el atardecer,
el día se va muriendo
y yo aquí con tu recuerdo
sin saber que voy hacer.

Tal vez no voy a perecer,
porque de amor nadie muere,
no es castigo del que quiere
olvidarse y aprender...

Y está muy bueno saber,
de ante mano cuando se ama,
que uno siempre es el que gana,
aunque parezca perder.

Porque yo puedo querer
a otro como te he amado,
más no serás valorado,
ni amado como te amé.

MARÍA ISABEL BOUGNON

Santa Fe

Argentina

MARÍA ISABEL BOUGNON

MARÍA ISABEL BUGNON

Poetisa, Narradora y comunicadora social de la ciudad de San Javier (Pcia Santa Fe)
Descendiente de Mocoví
Edito su primer libro en Diciembre de 2008,
Bajo el titulo: "Poemas con Perfume a Narcisos"
Participa en cafés literarios en su ciudad
Participo en el 1ª encuentro de escritores y narradores en la ciudad de
Goya (Corrientes).
La vivencia "PALABRAS" de su autoría fue elegida para participar en la antología"150 Vivencias y 150 Escritores del concurso "Orola 2010.

El poema "AMOR A CIEGAS" finalista en el concurso "Centro de Estudios Poéticos"
Actualmente reside en la ciudad de Santa Fe.
El poema "NAVEGA" participa de la antología del centro de estudios poéticos
Recibió la mención a la excelencia del poeta, en la red de poetasiberoamericanos.ning.com con el relato "Sueños de amor," en el día del poeta virtual en el año2010,
Participo en la antología homenaje a PABLO NERUDA,
AÑO 2011 con el poema "Arquitecto del amor"
Corresponsal de la revista "El Colectivo de Río Negro"
Fundadora y Directora del grupo Literario IOBEC-MAPIC
Certificado al meritorio desempeño en el Certamen Literario "Centro Cultural del Tango Zona Norte Edición 2011.

Vicepresidenta de "Proyecto Cultural Sur" a nivel nacional en Santa Fe (Argentina)

Organizadora desde el año 2012 del Festival Internacional de Poesía Palabra en el Mundo

Organizadora desde el año 2012 hasta el 2015 del Festival 100 mil poetas por un cambio social

Paz, cultura y Solidaridad."

Miembro del consejo de Paz en Argentina

Recibió de las manos de los creadores de El Libro de Cristal"

La Bandera de la Paz del

Pacto Roerich

Integrando el Movimiento "PCIS NUNTII" Mensajera de Paz

Portadora de la Bandera Universal de la Paz

Portadora de la Bandera **Wiphala** de los pueblos originarios la cual le fue entregada en Roque Sáenz Pena (Chaco)

PRODUCTORA Y CONDUCTORA del programa "Mariposas en la Noche" Paz,Cultura y Solidaridad EN FM ESPACIAL 93.3

La encontrarás en su canal de youtube . Mariposas en la Noche

El programa radial Mariposas en la Noche fue declarado de Interés Cultural por la Cámara de Senadores de la ciudad de Santa Fe

Programa Galardonado con el Premio Nacional Reina del Plata en el rubro Cultural - Solidario año 2014

Programa Nominado al Premio Santa Fe Oro Federal 2014 como mejor Programa Cultural- Solidario

Premio Antena Vip año 2014

Rubro Cultural… solidario

Participando en **LA ANTOLOGIA 'POR LA PAZ DEL MUNDO"**
Por su aporte Cultural en la Antología
Por la Paz en el Mundo se le otorga
"ORDEN DEL BANDERIN DE LA PAZ"
Sydney Australia,8 de Junio de 2013
Dicha Antología está en manos del papa Francisco.
Recibí del Papa Francisco una carta de felicitación Por el trabajo Por la paz
"Antología de Asolapo Argentina 2016".
Antología Tributo a la Madre Tierra en la cual estoy participando,.

MUNICIPALIDAD DE SANTA FE,
Le hace entrega de una distinción por permitir posicionar y fortalecer a Santa Fe de la Vera Cruz como destino Internacional de Turismo de reuniones y eventos Internacionales. Junio de 2013

VII Festival de poesía Palabras en el Mundo bajo el lema "Sembrando poesía cosecharemos paz" año 2013 declarado de Interés Cultural por la Cámara de Senadores de la Provincia de Santa Fe.

VIII Festival de poesía Palabras en el Mundo bajo el lema "La poesía como acción poética por la paz" año 2014 declarado de Interés Cultural por la Cámara de Senadores de la Provincia de Santa Fe.

Organizadora año 2014 de la 1° Antología *"Palabras en el Mundo" – sede Santa Fe, La cual fue declarada de Interés Cultural por la Cámara de Senadores de la Provincia de Santa Fe.*

Esta Antología se encuentra en el vaticano en las manos del Papa Francisco

VIII Festival de poesía Palabras en el Mundo bajo el lema "La poesía como acción poética por la paz" año 2014 declarado de Interés Cultural por el Honorable Concejo Deliberante de la Municipalidad de Santa Fe.

VIII Festival de poesía Palabras en el Mundo bajo el lema "La poesía como acción poética por la paz" año 2014 declarado de Interés Cultural Provincial por la Sra.: Ministra de Innovación y Cultura Dra.: María de los Ángeles González de la Provincia de Santa Fe.

III Festival Internacional 100 Mil Poetas por un Cambio Social realizado en Santa Fe el 27 de septiembre de 2014, Paz, Cultura y Solidaridad" declarado de interés cultural por la Cámara de Senadores de la Provincia de Santa Fe

Distinción al voluntariado año 2014 Buenos Aires

Categoría: VOLUNTARIOS

María Isabel Bugnon

Arte y cultura

Ciudad de Santa Fe – Provincia de Santa Fe

Y sí, la vida sigue inevitablemente, aunque los sollozos me ahoguen. Abro las persianas, una suave brisa se desliza al interior del cuarto. El jazmín y el malvón, resaltan en el verde vergel. En un ir y venir de nostalgia, mis lágrimas se visten de arlequines. Las gravileas se hamacan, los pájaros alzan vuelo. En este enero caluroso, vuelvo a transitar senderos de arena y sol. Senderos de nostalgias.

LA MAGIA DEL AMOR

    La magia del amor la llevo a conocer el corazón de una persona especial, sin ningún interés, simplemente ocurrió, aquel momento donde el tiempo se detuvo, las horas se congelaron, las cortinas de su alma se abrieron para darle paso a la luz, se pregunto ¿ De dónde conozco a esta persona, cuando fue que su mirar se derritió en sus ojos ? Esta es su dulce y mágica historia de amor, en otoño ,precisamente en el mes de mayo conoció a esa persona especial, un ser maravilloso y desde ese momento supo que algo la anudaba a él, trenzaba sus sentimientos en tramas de amor. Fue innovando hasta que su corazón reconoció que se fue enamorando, quizás fue un amor de otra vida que ha vuelto y la ha encontrado en otras circunstancias.

    Es un amor simple, sencillo, natural, es un amor sincero, es ese amor que se da sin exigir nada a cambio y oculto en los recóndito lugares del corazón , un amor que a pesar de todo crese libre , ha ella no le interesa con quien es feliz , solo que es feliz sabiendo que él es feliz. Quien ama de verdad desea que ese ser sea feliz no interesa con quien ..

LIBIA BEATRIZ CARCIOFETTI

Santiago del Estero

Argentina

LIBIA BEATRIZ CARCIOFETTI

LIBIA BEATRIZ CARCIOFETTI

Nací en Villa Constitución (Pcia de Santa Fe)
Tengo publicado dos libros... "HOJAS DE LAUREL" Y "JUNTOS PERO SEPARADOS" en el 2015
Recibí el premio Bienal a la trayectoria en el año 2014. Soy Canciller Cultural de ASOLAPO (Asociación Latinoamericana de poetas por Santiago del Estero)
Presidente en Argentina de la OMT (Organización Mundial De trovadores).
Presidente en Argentina de la UBT (Unión Brasilera de trovadores)
Miembro Honorífico de Sipea.
Pertenezco a la SADE filial Santiago del Estero, y soy miembro activo del Grupo Literario *REENCUENTRO* de mi provincia.

BENAVIDEZ Y EL TREN

Estación de trenes de Benavidez
Que traen a mi recuerdo
Mi niñez tan feliz…
La señal que se bajaba y subía
dando paso al toro de hierro
que movilizaba mi raíz…
Subir a él era escalar un peldaño
a otro imaginario país…
Adolescencia pura,
de guardapolvos blancos
de palomas que volaban
sin cometer un desliz…
Cazando mariposas
y comiendo moras
al volver de colegio
revoleando el portafolio
cruzando por la plaza
acortando el raíd…
Pueblo de recuerdos donde crecí
a la par de un bosque encantando
donde las hadas y los duendes
aparecían solo para mí.
Cuando le cuento a mis nietos
lo feliz que fui…
Abu, nosotros quisiéramos
conocer tu país…
Y se me llena el alma de nostalgia
porque yo se
que ya no está la casa donde viví…

La urbanización pavimentó las calles
no están mis padres…
y yo ya no soy la niña que ayer fui…

PENSARON

Pensaron que tenías corazón de madera.
Cuando una sierra de metal, cruzó tu frontera.
No oyeron tus ruegos, ni vieron tu savia
Que en forma de lágrimas cayeron a tierra.
El daño irreparable fue hecho
Y en el bosque se escuchó como una balacera.
Fuiste por años juguete de la brisa.
Nido de aves, refugio en la tormenta.
Hoy a un costado del camino, desnudo, sin aliento.
Puedo ver los surcos y las grietas
Que te abrazan con su corteza.
¡Corazón de madera! ¡Si los hombres supieran!
Que transmites el oxígeno,
A una generación entera.
Que fuiste semilla con propósito,
No para dormir tu sueño eterno en una cantera.
Catástrofes a diario nos asechan.
Pero tenemos en los oídos ¡CERA!
Moriremos calcinados por este sol
que en vez de "entibiarnos" nos incinera.
Que Dios se apiade de nosotros
antes que nos declare la guerra,
pues ante su poderío...
Nos quedamos sin "armas"
Y gime nuestra tierra.

CREÍ MORIR DE AMOR

Creí morir de amor
pero aquí estoy…
Entera como luna llena.
Ni el eclipse de tu mentira
pudo opacar mi luz.
Ni se mojó el pabilo de mi vela
que sigue brillando en la oscuridad.
Creí morir de amor
y me di cuenta;
que los abrazos, los besos
las flores, la pasión "colapsan"
Son eternos efímeros
que disfrazan los sentimientos.
Creí morir de amor
pero me vestí de púrpura y oro fino
y renací de las cenizas
de la indiferencia.
Hoy puedo asegurarte
que nadie muere de amor
cuando se ama a si mismo.
Se me ensancha el corazón
por el solo hecho de sentirme viva.
Me suelto el cabello
me miro al espejo
delineo los ojos
que habían perdido el brillo
y ensayo una mirada cómplice
para poder estrenarla nuevamente
cierro el libro compartido
y sigo sintiéndome viva.

Solo creí morir de amor
Pero aquí estoy…
¡ENTERA! Como luna llena.
¡Me crees???

SI YO PUDIERA

Si yo pudiera gritar…
Todo lo que siente mi alma.
Seguro lo harían mis versos escritos
en pétalos de rosas blancas.
Lo harían para un mundo desnudo,
de vida, fe y esperanza.
Sacándolo del pozo en que se revuelca,
mezclándose con la miseria humana.
Mi grito hace que palpite el cielo
las estrellas sean velas muy blancas.
Encendidas por los ángeles
Impidiendo que se apaguen sus llamas.
Los poetas tenemos voz propia.
Pero nuestro grito solo ¡No alcanza!
Si no se unen los hombres,
que conforman esta raza humana.
Si yo pudiera gritar y que me escuchen
Los que usan de plumas sus almohadas,
no habría niños en las calles mojadas.
Vivirían en casas con blancas terrazas.
comerían hogazas por sus madres amasadas.
Y serían besados todas las mañanas.
Por eso es que digo que ni mis versos alcanzan
Para paliar el hambre que hay en las almas.
Se necesitan manos dispuestas, voces que alerten.
Que si seguimos así, nada nos sobra ¡Todo nos falta!
Señor ¡Ten piedad! De esta especie humana,
Que pelea entre hermanos que destruye y se mata.
Quiero escribir versos que lean mañana
los hijos de mis hijos ¡Loca esperanza!

Sueños de poeta…que al abismo se lanzan.
Pensando que lo que hoy se arriesga,
se convierta en ganancia.

MARÍA CRISTINA CORDIDO

Buenos Aires

Argentina

MARÍA CRISTINA CORDIDO

MARÍA CRISTINA CORDIDO

María Cristina nació en Azul, Pcia de Buenos Aires, donde ejerce la docencia como profesora de Literatura.

Ha incursionado en diferentes géneros literarios tales como: novela, cuento, poesía teatro y literatura infantil. Participa en cocursos literarios obteniendo diversos premios a nivel local, provincial, nacional e internacional.

Sus obras han sido publicada en países limítrofes, a través de antologías, boletines, y revistas culturales.

CANTO AL POEMA

Cuando todo termine en palabras gastadas,
y se quede el poema como fruta cortada.
Qué será de su canto al nacer la mañana,
y del verbo muriendo más allá de la nada.
Cuando el tiempo se lleve lo que yo más amaba,
y me queden tan solo los recuerdos del alma.
Qué será de mi sombra en las noches heladas,
y del viento buscando con su voz sin palabras.
Cuando todo sea llanto en la casa cerrada,
y se mueran de espanto las risas y las lágrimas.
Qué será de mi boca, la sonrisa olvidada,
en los días de enero cuando todos estaban.
Y acaso tu nombre persiga los secretos
que siempre me contabas,
cuando todos dormían, cuando nadie escuchaba
Y el canto del poema nacía tenuamente
en tu dulce mirada.

REGRESO

Desde el sur vienen los vientos,
renovando la fiebre del otoño
que viene hasta mí como un consuelo,
para saciar la sed de tu recuerdo.
A lo lejos, se ven las golondrinas
que emigran buscando nueva vida,
pequeños puntos de cenizas
que se van hacia el norte
con la prisa que deja la ausencia y la partida.
Callan las voces, callan oscura profecía
que anuncia el final que prometía,
la hora final de la partida.
Desde el sur vienen los vientos árido silencio,
triste eco, por donde se van los días sin regreso.

UNA SOMBRA VANA

Una sombra vana cruzando el silencio
dejó junto al alba vestigios de sueños.
Y en sus tenues huellas germinó su tiempo
de sombra sin rostro de antiguo recuerdo.
Una sombra vana dibujó su sueño
con oscuras formas en noche sin luna.
Y junto a la orilla en ríos de fuego,
pereció en cenizas de ocultos misterios.
Una sombra vana cruzando los tiempos,
se quedó sin risa, murió en el silencio,
de ser sombra apenas, el simple bosquejo,
que dejo la vida, un triste lamento.
Una sombra vana es lo que yo tengo,
partícula exigua, estéril fragmento
de lo que perdido, murió con el tiempo.

VOCACIÓN

En las siestas de verano
 el viento juega y se va,
por los caminos de sueños
donde suelo regresar.
Para buscar en su esencia
la inocencia sin igual
de los años de la infancia,
que me vienen a encontrar.
y soy de nuevo la niña
que quiere recuperar
una sonrisa guardada
en casuarinas de pan.
Mientras mi madre trajina,
ordena granos de sal.
que se quedan en mis ojos
como perlas de cristal.

ELENA DEMITRÓPULOS

San Salvador de Jujuy

Argentina

ELENA DEMITRÓPULOS

ELENA DEMITRÓPOLIS

Elena Demitrópulos nació en la Provincia de Salta, se crio junto a su familia en Libertador Gral. San Martin _San Salvador de Jujuy. Poeta y escritora, autodidacta, formada en el seno de una familia de profesoras y artistas, la poesía su inspiración más fuerte desde temprana edad. Actualmente reside en la localidad de Villa Jardín de Reyes donde organiza desde hace cuatro años las afamadas "Veladas Literarias en Reyes", culminando el año con el "1° Encuentro Provincial de escritores en Reyes 2014" _ el "1° Encuentro Nacional de escritores en Reyes 2015"_ el 2° Encuentro Nacional de Escritores 2016, con gran convocatoria y el 1° Encuentro Internacional de Escritores en Reyes 2017, participando en ellos grandes poetas de otras provincias y del extranjero. Declarados de Interés Municipal por la Municipalidad de la Provincia de Jujuy y de Interés Provincial por el Gobierno de la Provincia de Jujuy. Participa activamente en muestras individuales y colectivas en Bibliotecas, Centros Culturales, Escuelas, Galerías, Encuentros literarios en toda la Provincia e invitaciones de provincias hermanas. Defensora de la Lucha contra la Violencia de la Mujer, muchos de sus textos realzan a la mujer legando en poesía su voz hecha carne.

Participó del Plegable organizado por Cultura Abracé Editora Internacional y en la Antología Letras en Red_ Poesía y narrativa: Popurrí de voces, Premio Andrés Fidalgo 2014. Creadora de la Revista Cultural "Ojo a la Hoja". Por estos días trabaja en la publicación de sus libros en poesías "Mudas plegarias" y Prosas testimoniales "Cerezos en mis pies". Socia activa de la Sade Jujuy Filial.

Soy temperamental sobre mis líneas, despiadada ante la injusticia, muy Pizarkniana con un horizonte de odas.

AMANTE DE VERANO

Nace un manantial de odas
sobre un cendal de caricias,
pájaros bajo el calor del verano,
me anidan al descanso.

Gráciles pasos
en la ensenada de mis caderas,
dulcifico vientos
y busco tu mirada arrullada.

Graznados tus ojos,
caminos anudados los nuestros,
suspiro a rosas, frenesí aventurero,
 varar al lecho fresco.

Madura la voz
gorjeando labios al encuentro certero,
cordel abierto el verano,
amores arcanos.

Conjuros a las nubes
borrasca de estrellas, osado cuerpos.
Transito abierta siestas ciruelas
cobijando las noches….

 De amores aires yo te pretendo
eclipsado silencio.
Dedos traviesos bajo la mesa,
conjuga los besos,
apura el paso manantial secreto.
Amadores e inagotables
el afán de vernos
en tibios ríos de veranos añejos.

CÉFIROS DEL TIEMPO

Herida aprieto mi libre cuerpo
Sueños níveos te pretendo.
Apetitos de gloria te concedo
Bañada en sombras rosáceas
Aledaño a los huesos de mi cuerpo.

Mi cauce de estrellas no sabe de rondas.
Alabo tu nombre bajo lenguas de fuego.
Florezco en viñas abiertas
Invoco tu andar y no truco celos.

Más truena relámpago rojo
Sugieres amor verdadero.
A tu suplica me despliego
Mis secretos por tus besos.

Peregrino a tu umbral
Soy efímera por cielos.
Mi impulso es ciego.
Varar a tu destino, fortaleza de hierro,
Amor verdadero.

FOGATA

En mí fogata
embriago estos versos
de tierra y alma.

El deseo abarca mi piel
cuando oso imaginarte sobre un edén
Caricias e hinojos en los labios,
me palpita hasta la sombra
este silencio derramado.

Llegada la alborada
me capturas me desatas
y la noche hace hilos,
junto a la ventana.

La melodía zurce bordados
en tus ojos añorados,
empapeladas de besos
este cautiverio
deseo amarrado.

LOBAS

En vigilias como estas
aullamos muchas,
floreciendo nuestro vientre
al sol naciente.

Gritos que surcan vientos
soplan la tierra,
prodigio femenino, etéreo.

Nuestras voces se hacen eco
repica al mundo, llanto de niños,
fecundidad maestra.

Somos raíz de abundantes brotes
nuestra leche es de los críos
que bebieron los ancestros.

Caminamos siempre juntas
escuchamos, te abrigamos
mujeres que nos encontramos.

Voces que explotan
como aullidos de lobas, magas y alumnas,
en las palmas de las manos, la luna.

Nos abrazamos y amamos
corremos desnudas,
nos vestimos de vientos
danzan nuestros cabellos.

Somos lobas libres.
los tambores nos advierten
lo sagrado, lo profano;
caderas y agua
en nuestro cóncavo dichoso.

Aullamos juntas
somos semillas de campos abiertos
raíz de todos los sueños,
lobas de grandes amores.

Mujeres de lucha sin dagas
solo manos finas y puras,
algunas veces, casi siempre
las mujeres aullamos juntas.

SONIA FABIOLA DEMITRÓPULOS

Córdoba

Argentina

SONIA FABIOLA DEMITRÓPULOS

SONIA FABIOLA DEMITRÓPULOS

Docente salteña de nacimiento y coscoína por adopción. Nacida en Campo Quijano (Salta) en el año 1963 y radicada en Cosquín (Cba) desde el año 1999.

Su conexión con las letras fue construyéndose desde el ámbito familiar y desde sus experiencias docentes en las instituciones educativas en donde los escritos y la narrativa de experiencias pedagógicas posibilitaron la recuperación, sistematización y conceptualización de los saberes recreados en la práctica escolar y a su vez el desarrollo de esta competencia práctica profesional. Desde niña, largas horas de lecturas la adentraron en un universo de letras y fantasías. que su madre se encargó de promover. Pero es solo en los últimos dos años que decide incursionar en el campo literario.

Participa en el grupo de escritura "Territorio de escritores; Juegos literarios" con quienes publicó algunas de sus obras, junto a otros integrantes del mismo, en un libro de reciente edición.

COSQUÍN EN OTOÑO

Me gusta Cosquín en otoño
cuando los gigantescos plátanos
despiden en armoniosa danza
cada una de sus hojas.
Y en mágico ritual,
temporada tras temporada,
nos proponen crujientes alfombras
de las que emergen melodías
en la que los caminante combinan sus notas.

Me gusta Cosquín en otoño
cuando el verde del perenne follaje
se conjuga con el gris de las piedras del rio y
el amarillo de las ramas desnudas,
anunciando la proximidad del sueño invernal
al que nos entregaremos apaciblemente sus habitantes .

Me gusta Cosquín en otoño
cuando todo parece suspendido en el tiempo
y , a veces , solo a veces,
el silencio acogedor de las tardes soleadas
se rompe con el canto de los benteveos.

Me gusta Cosquín en otoño
cuando el cielo toma de la paleta de colores
un celeste profundo y lo mancha de vaporosas nubes
resaltando, a los ojos adormilados del espectador,
el cadencioso juego de pájaros en libertad.

Me gusta Cosquín ...
y de una manera particular ... en otoño.

CÍCLICO

Ley de la vida es nacer, vivir, morir y renacer.
Nacer en ilusiones.
Vivir en emociones.
Morir en las pasiones
Renacer de las cenizas.

En vida se repiten los estados.
En ciclos caemos y nos levantamos.
Viviendo y muriendo,
la vida transitando vamos.

Aún al final de la materia
Nacemos y renacemos.
Nacemos como nutrientes,
y renacemos en recuerdos.

Todo final es un principio.
Todo principio deviene de un final.
Nacer, vivir, morir y renacer,
completando ciclos una y otra vez.

BATALLA GANADA

La soledad se instala en mí,
mientras miro escapar de la mano
las ilusiones y la esperanza
en melifluo y eterno romance .

Solo espectador es mi espíritu trashumante
que decide nuevamente regresar
al sempiterno erial de los amores.
resignado a cauterizar sus heridas.

Atrás quedaron los rutilantes campos
de trigo , cebada y centeno,
en el que retozábamos felices
fortalecidos en el gluten de los sueños..

Lejanas se ven las estaciones,
en que estupefactos saboreábamos amaneceres,
envueltos en el etéreo trinar
de emperifollados jilgueros y ruiseñores.

La soledad se instala en mí
y cada segundo gana una batalla.

INVITACIÓN A LA VIDA

En este día gris,
detrás de los barrotes de mi celda
reclinada sobre la almohada,
entrecierro los ojos y
escucho con ansias lo que la lluvia me cuenta.

Me cuenta …
de campos sedientos, de gritos y algarabía
y de gestos de bienvenida.
De senderos húmedos, y caminantes confabulados
subidos a su aventura.

De amantes y enamorados
que musicalizan con su sonido,
pasiones reprimidas en encuentros furtivos.
De madres y abuelas que relatan historias a sus pequeños
para tenerlos consigo, adentro y tranquilos.

También me cuenta esta lluvia …
de rayos y centellas que iluminan el cielo.
De ojos temerosos que rezan
y refugiados que escapan de su furia.
De lluvias y crecientes,
de agua y piedra,
de daño, dolor y desasosiego.
De corazones guerreros
que a través de la cortina de agua,
logran vislumbrar nuevos universos.

Así también me cuenta,
de gotas caprichosas.
que dejan un halo a tierra mojada, liberada.
De la vida que emerge tumultuosa afuera
Del movimiento, acción y energía que genera
Y de manos extendida en invitación.

Y yo hoy, prisionera de mis temores y hastíos,
espero su relato encaramada a un sueño,
con la intención de al fin poder vencer los miedos,
salir ... y desplegar las velas a la vida.

MARÍA AMELIA DINOVA CASTRO

Buenos Aires

Argentina

MARÍA AMELIA DINOVA CASTRO

SINTESIS DEL CURRICULUM COMO ESCRITORA

Docente (maestra y Directora) escritora, documentalista, fotógrafa, integrante comisión fundadora de SADE en Mercedes (Bs As) también integrante de APOA, U.E.A.T y deL Movimiento Poetas del Mundo. Sus poemas se encuentran en ocho antologías nacionales, 14 internacionales, dos audio libros y Su libro MADRE TIERRA, Tiene 10 poemas premiados y distinguidos y fue presentado en URUGUAY, CHILE, ESPAÑA,, BOLIVIA Y CUBA además de ARGENTINA en diversas ciudades, provincias y Ferias del Libro .

Tiene 20 poemas premiados y distinguidos. HA SIDO DECLARADA VISITANTE DISTINGUIDA E ELUSTRE de KIYU, URUGUAY, CHILECIRO en LA RIOJA, TARIJA Y SAN LORENZO EN BOLIVIA. También ha sido declarada EMBAJADORA CULTURAL ITINERANTE en Chilecito y EMBAJADORA CULTURAL UNIVERSAL en TARIJA, BOLIVIA

Como fotógrafa y documentalista ha recibido varios premios entre ellos Marcha de los Pueblos Originarios fotografía que integra la Exposición Los Pueblos originarios y su Resistencia " exhibida en el Cabildo de la provincia de San Luis donde recibió más de 10000 visitas

En el año 2017 fue invitada a presentar su corto documental Día de La Memoria en el XX FESTIVAL INTERNACIONAL DE CRITICOS DE CINE realizado en Colombia.

EL LAUREL

Siempre erguido
atraviesas mi ventana
bajo la luna llena
como haz de luz
desparramada
entre tus ramas,
iluminando mi cuarto
la noche tendida
en mi cama.
Y avanzas
hacia el cielo,
pero todavía
¡no lo alcanzas!
Viniste a mi tierra
en frescas y fértiles
semillas, quizá
con los pájaros
o el viento,
para cobijarme y
nutrirme con tus
rojas perlas nacientes
y el penetrante
aroma de tus hojas
en mi cocina.
¡Siempre verde!
como sembrando
esa esperanza, que
se entrelaza,
en el escudo
de mi patria

CA-Á YERBA MATE

    Naciste aquí,
en mi Patria Sudamericana
a pesar de que te persiguieron
te prohibieron y quisieron
desterrante, en la aberrante
época de la colonización,
resististe los embates, junto
a nuestro Pueblo Guaraní
que te creó, triturando tus hojas
 Ca á, planta que creciste
en las orillas de los extensos
ríos de nuestra Mesopotamia
Y con una calabaza ,
hoy llamada mate
y una bombilla de caña,
te bebieron y adoptaron
como compañera de trabajo,
o reunidos en comunidad
junto al fogón
Fuiste y sos remanso y fuerza.
Con vos compartimos
alegrías y tristezas,
pensamientos, añoranzas,
sensaciones experiencias,
ideas, canciones y vivencias
¡Compañera inconfundible
en ti nos igualamos!
Aunque estés en una calabaza,
en un hueso o en un mate
de madera, aluminio,

acero, cuero,
vidrio o porcelana
o se mezclen tu sabor y aroma
con otras ricas hierbas.
¡Siempre estarás en
una mano tendida,
que nos invita a compartirte!

PAMPA

La pampa escucha
el silencio del mar
y se abre en jirones
de pesada niebla,
sobre las praderas,
despoblada de su gente
que se ha ido a la ciudad
ya los girasoles
no miran al sol.
la soja los invade
y las semillas no sirven
para la nueva siembra.
El hombre se fue con el arado
que yace en su lamento,
ya no puede trabajar su tierra,
ni abrir los surcos
que abrazaran las semillas
para que crezcan en ella
La tierra no surge de su esencia
sino que se va muriendo
en el veneno de la siembra directa,
así como el hombre
come las semillas transgénicas .
Monopolio de los que
como aves rapaces
se llevaron el trabajo fecundo
de ésta tierra …
Es el mal de estos tiempos,
donde la acumulación

marea el corazón del hombre
y lo vuelve ausencia.

LÁGRIMAS DE ACERO

La tierra yace despierta
en esta noche turbia
y levemente sutil,
como las aves
en su escondite,
cuando el oscuro
silencio de la noche
palpita entre tus
lágrimas de acero, niña,
privada de tu libertad,
que clamas por el
amor verdadero,
que los hombres destierran
de tu alcoba gris calcinada
por la lujuria del planeta

LILIANA EMERSON

Córdoba

Argentina

LILIANA EMERSON

LILIANA EMERSON

Poeta, nacida en Córdoba el 21 de junio de 1969. Escribe desde el año 1998. Participó de la Antología 1999 de Línea Abierta Editores con sus poesías "Equilibrio", "Compañía" y "Vivir". En el año 2002 edita su libro de poesías "Complementarios" con el cual participa en la Feria del libro 2003 en el Centenario de la ciudad de Cipolletti, donde residió por muchos años. En 2004 su poema "Daños Colaterales" es seleccionado por concurso y publicado en la Antología Luces y Sombras del Centro de Estudios Poéticos de Madrid – España. En la actualidad reside con su familia en la ciudad de Cosquín – Córdoba.

Cuando vuelo, y te llamo
a volar conmigo,
tú estás lejos
¡Y a la vez tan cerca!

Cuando creo,
siempre te pienso conmigo,
y en cada pluma de mi torpe vuelo
se marca el signo de mi amor eterno.

Cuando dudo,
me contengo y acierto en apostar
que este vuelo no es unitario,
hasta que llegue el tiempo de soledad.

Cuando deseo,
sé que estás y estarás a mi lado
en este viaje al río plateado del sexo,
para al fin sumergirnos en el torbellino universal.

Ir viendo
el agua que va hirviendo.

Ir viendo
el pueblo que está hirviendo.

Ver para creer
creer para avanzar,
avanzar para soñar,
soñar para crecer.

Todo es posible.
Todo es soñable.

Un mundo con un pueblo.
Un pueblo que cree
que sus sueños son posibles.

Es el momento de explicar
como pasamos de A a B.
Te pasaron por encima,
como una topadora
y te siguen macaneando
aunque te pegues un tiro en la sien.

Quiero ser tu voz contando
y cantando a los cuatro vientos.
Quiero prestarte mi garganta
y mi letra.

También quiero abrazar tu angustia.

Lo que se ahorran en remedios
lo gastarán en muerte y enfermos.

Cuando un gobierno te quita en salud,
te roba la vida despacito.
O de golpe.

Voy a contarte y a cantarte la justa
del sistema injusto
e injustificable.

Así no se puede.
Así no se debe.

WALTER AMARO FERNÁNDEZ

Chaco

Argentina

WALTER AMARO FERNÁNDEZ

WALTER AMPARO FERNÁNDEZ

Walter Amaro Fernández, nació en la Las Breñas a las 12 horas de un 24 de enero de 1953, vivió en Barranqueras y actualmente reside en Resistencia, todas estas localidad de la Provincia del Chaco. Obtuvo varios premios provinciales, nacionales e internacionales. Participó de; -Intercambio cultural Argentina- Cuba – 1 al 5 de octubre 2014- Santa Clara – Cuba (5 de octubre 2014) - Intercambio cultural de escritores Argentina-Colombia 24 al 28 de julio 2015.-Huésped ilustre de la ciudad de Barranquilla en el marco de su visita para el intercambio cultural Colombia- Argentina, en el campo literario- Barranquilla 24 de julio 2015 -Participación en el intercambio cultural de escritores "uniendo palabras" desarrollado en Cartagena Colombia 29 de julio al 3 de agosto 2015. Concurrió al 1° Encuentro de Escritores, Poetas y Declamadores "Humahuaca en Poesías" los días 12,13 y 14 de mayo 2017 y al -XVI Encuentro Latinoamericano de Escritores "Madre de ciudades" los días 13, 14,15 y 16 de julio 2017 en adhesión al 464° Aniversario de la ciudad de Santiago del Estero. -Participación en el Encuentro Nacional e Internacional de Escritores S.A.D.E. Rosario, Provincia de Santa FE, ARGENTINA –"Rosario…luz y palabras" los días 8,9 y 10 de septiembre de 2017, ciudad de Rosario.

EL BAR DEL INSOMNIO

Hay otro cielo de ojos extendidos
fuera de la función inmortal de la luna.
Una tregua opaca,

donde nunca ingresan las estrellas.
 Un viejo espacio,
herencia de vidrios translúcidos.
Allí jamás verá la noche, sueño alguno
quizás, ladrillos gastados en las paredes y los pisos.

En este sitio únicamente
por algunas horas duermen, bajo la mirada sosegada
de las madrugadas, las inmortales copas
y los vasos sagrados astillados en el humo.

Él recostado entre la niebla de la bocanada,
conversa con su única sombra brumosa y desvelada
le cuenta con los dedos las infinitas noches
de ingobernables y trastocados sueños:

>ellos son circunferencias de ciclos despiertos
>pensamientos apilados contra el techo.

Con un ademán de tristeza asienten las mesas
y la resignación de la ciudad culpable,
clarea en la luz de la somnolencia.

En la tarde cuando vuelvan a verlo
estará solo, en el fondo otra vez
dialogando con sus manos.

MONTE

silencio de árboles
integridad de cenizas verdes

historias de raíces
atan la tierra a los hombres

picadura de machetes
       y miedos
suplicio de la tierra
estremecida por el aire

lejos volaron los pájaros
roncas fatigas de máquinas

el sol deshonra la intimidad del agua

vacía de voces nativas
el paisaje estrena
palabras de hormigón
        y asfalto
un camino estalla
muere el último quebracho
mi corazón de polvo seco
       alucina
el germen seducido por el viento

BARRIO

algo sucede cuando anochece
el barrio empieza a soñar:
     con sus siestas de baldíos
     con torrentes de lluvias pesadas de
verano
que inflaman y retuercen el viento
contra las espaladas calientes de las calles de tierra

todavía escucha el canto cercano de las ranas
que no olvidaron la vieja zanja
escondida debajo de las nuevas veredas

una luna transparente alza plegarias
de ancianas invisibles que rezan el rosario al ángelus
en galerías impregnadas en densos jazmines

cuando ya nadie respira
y las camas vuelan a la velocidad de los sueños
lágrimas de rocío consuelan a los árboles

todo se vuelve hueco y turbio
evoca niños corriendo la mañana
con barriletes pegados a las manos

entonces en ese silencio
quebrado por el ladrar de los perros
el barrio se arrodilla y piensa…

LILIANA FERREIRA

Entre Ríos

Argentina

LILIANA FERREIRA

LILIANA FERREYRA

Nació en la ciudad de Concordia, Provincia de Entre Ríos. El 19 de Septiembre de 1969.

Desde muy chica comenzó a escribir, frases y poesías lo hace como lo siente.

Escribir es su pasión, en su tiempo libre se inspira mucho por la naturaleza.

Presentó su primer libro Desde mi Interior

(2010) Editorial Juglaría de Rosario. Y un segundo en el año (2014)

Editorial Panza Verde de Entre Ríos. Próximamente editará su tercero "Los Árboles no son solo semillas" (relatos e historias de vidas de mujeres luchadoras)

Recientemente ha participado en el Encuentro Internacional de Escritores

En Cosquín, Córdoba y próximamente en el mes de Mayo 2018 estará

Participando del Encuentro de Poetas del Mundo en La Isla de Versos.

En Cuba.

Es socia activa de la S.A.D.E

MIRA TUS SUEÑOS...

Es difícil soñar, pero más difícil es ver la realidad.
Cuando abres los ojos por las mañanas, un día más
Con la esperanza que todo va a cambiar,
Y encuentras lo mismo de siempre, es ahí donde:
Miras al cielo y ves lo esplendoroso de su azul
Cerrando los ojos entre nubes gigantescas,
Inalcanzables con las manos, escribe en una de ellas.
Tú sueño que deseas interiormente y ves imposible.
Miras al cielo y ves como esos rayos de sol desde lo
Alto logran darte calor acariciar tu rostro, son ellos
Que en sus espigas doradas te dicen estás viva
Es difícil soñar, pero más difícil es ver la realidad.
Miras al cielo y es todo perfecto e imaginas cosas
Que crees no alcanzar, como las estrellas
Por las noches como danzan y cambian de lugar
Festejando a la luna, que les dicen no dejen
De danzar, porque hay alguien abajo que necesita
Verlas bailar, así vela sus sueños, luchas, y persistes
Para un día sea realidad, aunque decaigas mil veces,
Nunca dejes de soñar, porque es algo que nada,
Ni nadie te lo podrán quitar, son tuyos y sólo
Tú debes luchar en cada despertar para hacerlos Realidad.
Es difícil soñar, pero más difícil es ver la realidad.
Yo prefiero soñar cada segundo y olvidar todo lo
Que acontece en el mundo, ojalá todo ser humano
En la tierra, pueda soñar sus metas, así tiene algo
Por cada despertar, palpitar, caminar, escuchar, y
Lo más importante algo que se está perdiendo y
Tener dignidad segura de lo que haces por que

Esos sueños se hagan realidad.
Es difícil soñar, pero más difícil es ver la realidad.

Autora: María Liliana Ferreira
Del libro: Desde mi Interior
Concordia, Entre Ríos

MOMENTOS SON MOMENTOS

Hay momentos que quisiera estés conmigo,
Hay momentos que no sé lo que quiero.
Hay instantes que mi mente no entiende,
Hay instantes que una palabra la confunde
Hay etapas que mi corazón te necesita
Hay etapas que no sabe lo que siente
La vida cada segundo te hace ver la
Vereda de enfrente.
La vida que mi mente se imagina no existe
A pesar de conocer tanta gente
Nadie puede saber lo que siento interiormente
Hay momentos que vuelo a senderos de sol
Y caminos florecidos, y mi corazón,
Siente, necesita estar protegido
Hay momentos me pregunto…
¿Quién podrá entender tanta confusión?
¿dentro mío? sino sé cómo hacer para
Aclarar cada momento vivido.
Los momentos son momentos…
Pero lo que sé siente en esos momentos
Invaden mis pensamientos…

Autora: María Liliana Ferreira
Del libro: Desde Mi Interior
Concordia Entre Ríos

POEMAS PARA MI SER

Mi alma yace en la calma de Paz,
Mi corazón late despacio,
Feliz, encantado de palpitaciones
Lentas... eternas...
Mi mente despejada...
Ya no piensa en imposibles,
Todo es real, todo es prudente,
No hay perturbaciones,
Simplemente distracciones...
Mi vida no queda petrificada,
Atascada en el camino...
Mi vida corre como el agua,
Transparente, siente el aire,
Empujando a vivir...
Mi vida hoy sonríe
Inmensamente...
Simple y llanamente,
Al fin mi ser reserva
En su morada propia
Y sorprenderme cada día
Jubilosamente, radiante.

Autora: María Liliana Ferreira
Del libro: Desde el Alma al Papel
Concordia. Entre Ríos.

POESÍA

Fragmentos nostálgicos
Afables, reposan en líneas.
Surgen, manifiestan,
Afloran desde un interior.
Remendando frases,
Deslumbrando... espíritus
Con designio puro.
Desapego... generoso,
Del alma, intentando...
Gritar un abatido,
Despoblado... corazón.
Instalado en letras,
Imprevistas, en la mente.
Secciones, metafóricas,
Rompen un silencio,
Urgente... inminente,
Atrapando, sensiblemente
El afán anónimo...
De quién las lee e interpreta.
Así es el alma del poeta.
Regalando hojas en el viento.

Autora: María Liliana Ferreira
Del libro: Desde el Alma al Papel
Concordia, Entre Ríos

GRACIELA FORMOSO

Buenos Aires

Argentina

GRACIELA FORMOSO

GRACIELA FORMOSO

Graciela Irma Formoso, nació y vive en La Plata, Provincia de Buenos Aires. Es profesora de italiano y bibliotecaria en Instituto Superior 12 de su ciudad. Colabora en la institución de Bien público, Sumando Voluntades y en círculos italianos. Desde el año pasado, participa en Teatro breve invitada por El Fondo espacio teatral.

Escena 4
En la biblioteca
Personajes: Matilde y Beatriz

(A oscuras en la biblioteca. Matilde con gesto pensativo, sentada en su silla de ruedas. Beatriz se le acerca y la espeta.

Beatriz:-¿Y a qué vecino va a conocer si no sale a la calle? Si sube al auto desde el garage y, cuando regresa comienza a "gastar" en la cuenta de ese Mark y a hablar con su millón de amigos, que no creo sean tantos: preguntarle, por ejemplo a la compañerita de primero inferior, si la de primero superior encontró el "pichicho "que se perdió...porque...el señor Augusto, señora...

Matilde:- (interrumpiéndola)¿Qué te dijo mi marido?

Beatriz:- (dando vueltas, mira hacia la biblioteca, al techo, menciona la mancha de humedad que hay en el mismo, como queriendo desviar la conversación)

Matilde:- (muy seria y con el ceño fruncido le inquiere nuevamente la pregunta).

Beatriz:- (por un momento recordó el tono de voz de épocas de niña, cuando tomaba algo del albergue que no estaba permitido y, sintió que no tenía otra posibilidad que manifestar la verdad y, en un tono casi inaudible, le dijo):- su esposo comentó que no la despertara cuando a veces, se ahoga, porque, además, como no lo escucharía por la pastilla que usted toma para dormir...que es un poco fuerte...perdone.

Matilde:- ¡No te inmiscuyas en mi vida privada!, te empleamos para la limpieza, no, para hurgar en esta familia que te abrió la puerta. (Moviendo la cabeza y en tono arrepentido) ¡y pensar que llegaste recomendada!

Beatriz:- En realidad, tampoco la veo bien a usted, pero el ronquido del señor me trajo a la memoria la última visión de la hermana Francisca, y, yo que permanecí a su lado varias noches antes, porque ¿sabe, señora?, el amor hacia el otro, cuando se percibe el silencio, cuando nos toman de la mano y no nos sueltan, cuando hablan por sus ojos, o con los gestos, que sólo los que amamos comprendemos...mejor no continúo. Pronto dejaré esta casa...(Con gesto de resignación y a punto de lagrimear, usted, no me entendería; si aún no encontré el lugar y ya...¡estoy tan cansada...(Continúa con la limpieza, repasa con un trapo los objetos que están en la vitrina. De repente, se le cae un jarrón y se hace añicos).

Matilde:-¡Qué torpe sos! (disgustada). ¿No ves que es..., bueno...¡Era un potiche de la Dinastía Ming!

Beatriz:- (moviendo las manos) ¡Y yo qué sabía, señora, yo qué sabía! Yo limpio este pote como si fuera un vaso de vidrio. Si la dinastía "minga" es tan importante, ¿por qué no contrata a alguna persona, que sea profesor de historia, geografía antigua o actual para que sacuda todas las dinastías que están en las vitrinas? ¿Me va a descontar del sueldo el pote de la dinastía "minga"? Se podría imaginar, que yo no entiendo de estas cosas. Le uno con un poco de cola y, detrás del vidrio, ¿quién se dará cuenta? Y mejor que no se me caiga (Mirando hacia el costado derecho del estante de arriba de la biblioteca y moviendo el pulgar derecho hacia arriba y hacia abajo), el de la honda y la piedra, porque, la verdad, no sabría cómo armarlo (Se refiere al David de Miguel Ángel). Mejor le doy un trapo, se lo pone en la falda, lo limpia, luego se lo da a su hija para que lo vuelva a ubicar en su lugar.

Matilde:-¡Es el David de Miguel Ángel!

Beatriz:- ¡Cómo, no es de usted?

Matilde:- Sí, ignorante. El autor vivió en el Renacimiento.

Beatriz:- ¿No es de la "minga"? (Antes de que Matilde pudiera esbozar una palabra de disconformidad, Beatriz pensó que mejor sería desviar la conversación para el tema que más le agradaba hablar, sin provocar el posible enojo de la mujer)

Graciela Irma Formoso
De El Estado sos vos, soy yo, somos todos

ELBA GONZÁLEZ GARCÍA

Córdoba

Argentina

ELBA GONZÁLEZ GARCÍA

ELBA GONZÁLEZ GARCÍA

Escritora y Poeta.
Presentadora de Libros y Conferencias.
Es invitada y asiste a encuentros Nacionales e Internacionales.
Participó en programas radiales y televisivos en distintas provincias de nuestro País.
Participó en diversas Antologías Nacionales e Internacionales.
Invitada y asistió a diversas "FERIA DEL LIBRO"
AÑO 2008 **" PREMIO A LA TRAYECTORIA CULTURAL LATINOAMERICANA"en el XII ENCUENTRO INTERNACIONAL DE ARTE Y POESÍA** " Oscar Guiñazú **Alvarez**
Miembro del Directorio de la **RED DE ESCRITORES EN ESPAÑOL – REMES**
Ex miembro del Directorio de la **UNIÓN HISPANOAMERICANA DE ESCRITORES – UHE – por la Literatura y la Paz Mundial.**
Miembro de la SOCIEDAD VENEZOLANA DE ARTE INTERNACIONAL –SVAI
Secretaria Nacional de la **SOCIEDAD ARGENTINA DE LETRAS ARTES Y CIENCIAS NACIONAL – SALAC INTERNACIONAL** años 2004 -2012.

Designada **Presidenta** por acefalía de la "**Sociedad Argentina de Letras Artes y Ciencias Nacional**" por Acta en agosto del año 2012.

Año 2013 Asistió al **Parlamento Nacional de Escritores de Colombia**.

Nombrada **CÓNSUL HONORARIA DEL PARLAMENTO NACIONAL DE ESCRITORES DE COLOMBIA En la República de Argentina -** mes de agosto del año 2013.

Año 2014 Asistió al **Congreso de la UHE en Mayaguez de Puerto Rico**

PUBLICACIONES
"LAS COSAS DEL AMOR " libro de poesía – agotado
DESGAJANDO SENTIMIENTOS

EN PREPARACIÓN
UTI - Unidad de Terapia Intensiva - LA NOVELA

SI

Alguien me dijo,
que tú de mí estabas enamorado,
curiosa pregunté…, dudando,
si acaso te habían visto
por mi casa rondando
o si acaso tú lo habías confesado
 o si en alguna canción
me habías nombrado.
No, me contestaron,
pero sus ojos se alegran
cuando te vas acercando
y las palabras
que a vos te dirige
son, de amor,
contundentes dardos.

Elva González García

NADA

No, no me digas nada
ya no hace falta
sé que sientes…,
 lo que estoy sintiendo,
no quieras negarlo
porque aunque lo niegues
 te delata tu mirada.
Yo ya no puedo ahogar
lo que respira mi alma,
respira los silencios
que afloran en mi cara
los mismos silencios
de los que no se habla.
Acaso, sea éste…,
 un amor sin palabras.

Elva González García

AMANTE

Las luces de fuego, recorren mi cuerpo,
      cuando en sueños te veo.
El esmeril del tiempo
no apaga éste..., mi incendio.
Los cerezos estallan
      cuando en tus labios pienso.
Desnudo tu figura con el pensamiento
porque solo mío a tu corazón quiero
Por siempre seré tu amante,
      aunque nunca se posen...,
         en mi piel tus dedos.

      Elva González García

ELLA

Apartó la nostalgia y el misterio.
Se internó en manantiales de flores y de sueños.
Bañó su interior de almíbares nuevos…,
demasiado tiempo ocultó sus sentimientos.
Caminó descalza y desnuda de besos
esos mismos besos que fueron la llave
que abrió, los viejos secretos.
Aprisionó perfumes del jardín
de rosas, de gardenias y de un jazmín.
Bebió de las uvas maduras, el néctar sagrado,
acercó distancias y sintió la presencia
   de ausencias…,
     amadas.
Conjugó el verbo viví, vivo, viviré
 con la felicidad resplandeciendo en sus poros.
Absorta en el último recuerdo…,
  absorta en el último recuerdo…,
     la encontré.

    Elva González García

GLADYS VIVIANA LANDABURO

Córdoba

Argentina

GLADYS VIVIANA LANDABURO

GLADYS VIVIANA LANDABURO

Escritora, poeta, editora, gestora cultural nacida en Gral Pacheco - Bs As - Argentina, con residencia en la ciudad de Cosquín (Córdoba).

Fundadora de los sellos; *Del Alma Editores, Eco Editorial Argentina, barriletes en el arcoíris;* creadora del Encuentro Internacional de Escritores Cosquín.

TE BUSCO

Pueden las nubes cubrirte...
y mis ojos ya huérfanos
sentir sus días
un desierto

Pueden las nubes retenerte...
obsequiarme tu ausencia
encadenar tus pasos
esconder de mí
el calor de tu reflejo

Puede que el vuelo
hacia ti... sea interminable:
mas no desalentará mi vuelo

Puede que se cierren
con mil cerrojos
los accesos a tu mirada
me aten con cadenas
amordacen mis labios:
y no acabarán con mi vuelo

¡Porque te busco
desde que abrí mis ojos
en esta travesía
llamada vida!

OTOÑO EXTINGUIDO

Un día
la gota de rocío
dejará de humedecer
el suelo que transito
Las callecitas taciturnas
embebidas del ayer
musitarán que las olvide
y el otoño extinguido
me empujará al abismo
en donde la prisa
pierde el sentido
y   donde ya nadie
pierde su tiempo

TU AUSENCIA

Vivir en la orfandad
de tus caricias
es inmenso tormento
¡y mi alma se resiste
a solo ser tormento!
Aceptar tu ausencia
es habitar el mismo infierno
que se inflama abrasándome
mientras tus caricias ausentes
victimizan mi deseo
empujando mis sentidos
en los brazos despiadados
de la más profunda
angustia y soledad…

ROBERTO JESÚS MARTÍNEZ

Buenos Aires

Argentina

ROBERTO JESÚS MARTÍNEZ

ROBERTO JESÚS MARTÍNEZ

Roberto Jesús Martínez, es oriundo de Lamarque Río Negro, hoy reside en Carlos Casares Pcia. de Buenos Aires.

Poeta y artista plástico, hace incursión en otras ramas del arte como lo son el canto y la actuación.

Ha publicado la mayoría de sus obras en antologías nacionales e internacionales.

Ha realizado muestras y obras pictóricas en Argentina, Chile y Bolivia.

Plasmó los murales del Bicentenario y el Monolito de los Artistas junto a Ruth Neschenko en Carlos Casares. Conforma las Comisiones, Municipal de Cultura, y de Centro Tradicionalista El Bagual.

Además integra la junta promotora de "Y volverán a ser árboles…", un programa ecológico literario sumamente reconocido.

Tiene su gran compromiso con la Cultura, el Medio Ambiente, la Paz, los Pueblos Originarios y la NO discriminación.

A MI ÁRBOL, MI AMIGO...

Hoy me siento a tu sombra viejo amigo,
para que hablemos un poco de tu vida,
que sé muy bien, se siente adolorida,
al igual que yo, un casi mudo testigo.

Es que a tus hermanos, la ambición,
les arranca la vida sin miramientos,
sin pensar que en algún momento,
todos pagaremos, tanta desolación.

Talando bosques, selvas y sabanas,
el hombre de hoy solo ve el ahora,
sin pensar que todo lo que aflora,
es el mal para un cercano mañana.

Y que su próximas generaciones,
habitarán aquí junto a las nuestras,
en un mundo que bien nos muestra,
el daño causado en todas sus regiones.

El clima ha cambiado, eso es seguro,
y se ha transformado la naturaleza,
y a veces nos castiga con su certeza,
de un reclamo justo, aunque duro.

Es que al planeta estamos matando,
arrancando de a poco sus pulmones,
sin más preámbulos, ni razones,
que, "con el progreso ir avanzando".

Ojalá y muy pronto, el ser humano,
comience a ver la cuenta regresiva,
y ya no sea tarde cuando perciba,
tanto mal causado a sus hermanos.

Será un gran momento aquel día,
y podremos así, con una sonrisa,
celebrar nuestra clara premisa,
para dejar de ver sólo una utopía.

Querrá el tiempo que realidad sea,
y mi niña bajo tu apacible sombra,
esta poesía que hoy te nombra,
en mi memoria, alguna vez te lea.

Mientras, y hasta que se despierte,
en nuestro mundo la conciencia,
sumaré mi voz y mi presencia,
para que se aleje de ti la muerte.

Y de los mares, y de los ríos,
del paisaje y su naturaleza,
que haya vida, y con justeza,
habitemos, los tuyos y los míos.

Aquí te dejo mi árbol querido,
con mis sueños voy partiendo,
tu sombra de hoy agradeciendo,
y el tiempo de prestarme tu oído.

A MI MADRE...

Tú me diste la vida y es por ello,
que dedico un gracias, cada día,
a ti siempre, querida madre mía,
que eres luz de eterno destello.

Sangre española en tu herencia,
nacida en Lamarque, rincón sureño,
donde viviste llena de sueños,
tu tierna niñez, tu adolescencia.

La juventud te dio el amor,
de un hombre de otro lugar,
que a esas tierras llegó a trabajar,
buscando un futuro mejor.

Un Diciembre formaron el hogar,
al que llegaron luego dos niños,
los que rodeados de su cariño,
la vida, comenzamos a transitar.

Nos cobijaste con tu ternura,
nos enseñaste de valores,
nos pintaste de mil colores
tantos sueños y aventuras.

Fuiste a veces la maestra,
otras tantas la enfermera,
pero siempre la primera,
ante la necesidad nuestra.

Y así has pasado la vida,
dando siempre lo mejor,
colmando de puro amor,
esa historia transcurrida.

Ahora como ayer a tu lado,
hay niños con esa alegría,
son los nietos quien diría,
que te recuerdan el legado.

Tu historia junto a la mía,
llevarán lo eterno consigo,
el más puro amor conmigo.
y la devoción día tras día.

Gracias le doy a la vida,
por tenerte, por tu consejo,
porque he llegado lejos.
con tus palabras, sabidas.

Mi querida Emilce García,
siempre agradezco a Dios,
por abrazarte, y oír tu voz,
por ser tan solo, la madre mía.

INMIGRANTE...

Zarpando desde lejanos continentes,
te hiciste con tus sueños a la mar,
y luego del vaivén, de miles de olas,
pudiste un día, a estas orillas llegar.

El barco amarró en Buenos Aires,
punto de partida de tu nuevo destino,
te llevaron luego, los trenes, las carretas,
a cientos de lugares, del suelo argentino.

No traías mucho más, que tu ropaje,
solo una maleta de esperanzas, cargabas,
una dolencia en tu garganta, anudada,
por aquello, que a la distancia, se quedaba.

El Pueblo Maya, que crecía constante,
te recibió con los brazos abiertos,
fue tu oasis en medio del desierto,
dándote lo que soñabas, inmigrante.

Y así, guiado por Hirsch, un Barón,
el pueblo de Moisés, era de la partida,
trayendo la fe y un puñado de semillas,
para sembrarlos en la nueva tierra prometida.

Se sumaron, para abrir los surcos,
con aires del Mediterráneo, el español,
el italiano, de las pastas y las panderetas,
y entre *beines* y *beinetas,* el turco.

Fuiste formando parte del paisaje,
ya arraigado de ahora en adelante,
a estos suelos le entregaste tu linaje,
y aquí nacieron tus hijos, inmigrante.

De Socorros Mutuos, formaste sociedades,
para ayudar, a aquel hermano que venía,
con el mismo afán de lucha y de progreso,
que aquellos, que te acompañaron un día.

Siguió viva en tu gente, la cultura,
comidas, costumbres, música, danzas,
y frente al escenario, en tus teatros,
hubo muchas lágrimas de nostalgia pura.

Lustros, décadas, mucho tiempo transcurrido,
junto al criollo poblador de estos lugares,
añorando lo que quedó, cruzando mares,
siempre agradeciendo, lo que habías obtenido.

Pusiste el hombro, el alma, el sacrificio,
siendo agricultor, jornalero, comerciante,
no supiste más, que de la labor y del servicio,
del sosiego y la total entrega, inmigrante.

Nos dejaste, el mejor de los legados,
el amor a la vida, a la tierra y al trabajo,
el valor, de un intachable legajo,
de ese ser tenaz, creyente, apasionado.

Por eso hoy, en un tiempo ya distante,
junto a tus hijos, nietos y bisnietos,
unido en la memoria y el respeto,
te honro con mis versos, inmigrante…

Roberto Jesús Martínez
Carlos Casares, 4 de Septiembre de 2011

LA CASA DE MIS ABUELOS ...

Ochava que te ves hoy día,
por los años desteñida,
y que albergaras la vida,
de la familia García.

Habrás de guardar historias,
de aquellos días pasados,
entre paredes que han quedado,
tan cargadas de memorias.

Desde la chacra llegaron,
Benedicta y Antonio,
que junto a sus tres retoños,
bajo tu techo, se afincaron.

Fue así, que el nuevo hogar,
los vio crecer en el,
a Porota, Lalo y Mabel,
y la fugaz niñez transitar.

Y ser jóvenes, en un soplido,
rápido el tiempo se iba pasando,
luego, cada uno se fue alejando,
para formar su propio nido.

Quedó a medias, lo repleto,
ahora serían tan sólo dos,
pero los quiso bendecir Dios,
con el bullicio de los nietos.

Y aquellos pequeños vivimos,
allí muy felices momentos,

de un cumpleaños, un evento,
o navidades que compartimos.

La sobremesa siempre se hacía,
con acordeón y guitarra,
en piso regado bajo la parra,
reunida alli la familia García.

Un día don Antonio partió,
Beneda, sin aceptar compañía,
vivió sola, hasta que un día,
hacia su encuentro, voló.

Se quedó sin voces, el lugar,
un eco lejano creo percibir,
ese tiempo ido parece venir,
cuando allí detengo mi andar.

Y con nostalgia y respeto,
evoco a quienes ya no están,
pero que siempre vivirán,
en mi corazón de nieto.

Tal vez venga desde el cielo,
de tanto en tanto, un alma,
y vague ahí, en la calma,
de la casa de mis abuelos …

SONIA PATRICIA MONNÉ

Salta

Argentina

SONIA PATRICIA MONNÉ

SONIA PATRICIA MONNÉ

Su pasión por las letras se inicia a temprana edad. Admiradora de la obra de José Buesa. Sus trabajos fueron publicados en distintas oportunidades, premiados e invitados a participar en diversos concursos. Convocada a ser parte de varias antologías. Participa del proyecto bilingüe LETTERS ON PAPERS - LETRAS SOBRE PAPEL. Reside en Campo Quijano. Salta

INCOMPRENSIBLE

Maravillosa flor, porque me miras?

La savia se consume en tu cuerpo,
desgarrado en el fondo del jarrón

Cruel tu destino se ha marcado
en el patio, a lo lejos, abandonado.

Maravillosa flor, porque me miras?

Tu velo de dolor diáfano y claro
en el hueco oscuro desolado.

Tus raíces palpitantes se clavaron
en el cimiento del jarrón desconsolado.

Maravillosa flor, porque me miras ?

Hoy eres canto,
poema inspirado
Mañana,
tu perfume de niña se habrá quedado
incomprensible
en el hueco
olvidado.

QUÉ VACÍA MI CASA SIN TI !!

Qué vacía mi casa sin ti !!

En los muros que te aguardan
y que te vieron partir.
En mi cama que te espera
y que quiero compartir

....Allí se quedó tu imagen.

Qué vacía mi casa sin ti !!

En el patio que está triste
y que no quiere sentir.
En mi mesa desolada
y que te espera venir

.....Allí se quedó tu voz

Qué vacía mi casa sin ti !!

PREJUICIO

La dulce esencia de un amor prohibido....

Porque lo marca la vida,
Y así lo dicta la gente...
Los que dicen que han sabido
que al ocultarnos entre sombras
cometimos el pecado, quizás de habernos querido.

Cómo nos pueden juzgar, tan sólo de haber amado?
No entiendo porqué exigen que dejemos nuestro amor
Tan solo por el prejuicio
de que tú eres menor

Olvidemos los prejuicios, amémonos corazón!
Que no hay edad para amarse,
ni pecado, ni razón!

HÉCTOR LUIS OJEDA

Chaco

Argentina

HÉCTOR LUIS OJEDA

HÉCTOR LUIS OJEDA

Héctor Luis Ojeda, nació en Mercedes (Corrientes), el 10-10-1963. Vive en Resistencia desde su infancia. Tiene editado un libro AMANECER DE MI LIBERTAD (aún no presentado) y PROMESAS Y NADERÍAS (en preparación) Recibió varios premios provinciales, nacionales e internacionales por sus poemas y cuentos. Participa también en Encuentros de Escritores

RESIDUOS

es lo que soy:
        un bollo de papel
                infectado por el martillo
     de palabras en la penumbra…

pesadez de errores
          sin timón
                ruedan
                      por el paisaje amargo

    y los pasos en las sospechas
                    no tocan el suelo

            trotan en la limadura del azufre
   la inmortalidad de los astros

      la fantasía desgaja
               en el espacio difuso…

SALVAR A LA POESÍA

Hay que salvar la poesía
        de la humanidad inmóvil
        del control de los rectos

de las ideas vanas
        de los cuerpos planos
        del tobogán de las carnes incineradas

de la sumisión de los cobardes
        de los huesos desaparecidos
    aplanados por los ciegos

Hay que gritar los versos
        con esos llantos inconscientes
                de quien sabe... de qué
dolores

        soltarlos con los globos al cielo

    para que exploten en la atmósfera
    y caigan a los mortales
        con el aliento sin rostro

        ese que hurga por dentro...

CIUDAD DE CIEGOS

composición deprimida
    de ojos vendados
        ruedan por el tobogán

    distancia tácita
      de la idiotez humana

    perorata de singularidades
repetidas y espasmódicas

          admiran el souvenir del tesoro
     florece en macetas drogadas
ungidas de incertezas

        de lágrimas

    y la misión de destruir los sueños...

EPITAFIO

la extinción entalla
    en atributos de la existencia

  el sepulcro
      fiel centinela de los residuos
          de esa vez conciencia
          de pasado gentil

    inconcebible es el final...

  la oscura calavera talla
      tragada de tierra
          sin rastros del corazón

  oculta de los amaneceres

en la profundad anómala
    los huesos lamidos
        por inmundos gusanos
           que se arrastran
                dentro de la tierra
negra

    mientras afuera
        la manifestación de la savia
            concibe el milagro del
génesis...

SOY

mezcla agonizante
        en cuestiones
                fundadas y fundidas
    a la deriva de incertidumbres

la carne
      pensante
            pudriente
acomete al barrilete sin piolín

        ahí no...

    la mesura justa de
                desgarrar el horizonte

                        ahí está...
      la sustancia

                  afán de descubrir el
enigma
    rendido detrás de las cortinas
              los ojos de vida...

TRANSPARENCIAS

los ojos fragmentan
      en los minúsculos vidrios de la acera

            las calles quebradas
        cruzadas por el norte candente

    las palmeras excitan los brazos
y saludan al señor de los molinos

      …caminos de plomo
            encienden las penas

  y las curvas que hechizan
      al mismo demonio…

LA MUJER DE LOS SILENCIOS

                tu silencio
                no me abandona
                está envuelto en la fascinación
                                      de las
sombras
          en el campo de tu sonrisa

      la paz de los instantes

                tallan el placer difuso
                                    del iris
                        envuelto en el
cúmulo
                de ampollas traslucidas

mojadas
                        en la mudez de los
labios

                intriga oscura de las pasiones...

OLVIDOS

noches sin filos
        turbados en la cuna del Nilo

    mecen los llantos en una espera de luces
      con la luna envuelta en las telas negras

    las aguas platean con arañas pequeñas

                                      quitan el rosa gris
de los ojos
                alivian
       recargados

            en el hollín frío del olvido...

FREDE PERALTA

Córdoba

Argentina

FREDE PERALTA

FREDE PERALTA

Frede Peralta nació en san Genaro norte, hoy radicada en villa Carlos Paz. Poeta, narradora, 3 libros publicados (2 de poesía 1 de narrativa), tiene 24 años de actividad, sin interrupción en comisiones literarias. En la ciudad de Rosario, Córdoba y Villa Carlos Paz. Hoy es vicepresidenta de la Biblioteca del Autor Local dependiente de Cultura de la Municipalidad de Villa Carlos Paz

PALABRA Y GÉNESIS

Amo
el sabor que dejas en los labios
cuando estás en mí
y te demoras.
Amo
la desnudez de la epidermis
al inventar tu cuerpo
con mi boca.
Amo
la armonía de tu gesto verbal
donde una dosis de luna
despoja los silencios.
-como única constancia-
eres gemido en la garganta
y un susurro en los labios sedientos.
Enigma
para luego elevarse
en la azulidad de la intemperie…
eres, la eternidad,
eres la palabra.

MARÍA CRISTINA RESCA

Chaco

Argentina

MARÍA CRISTINA RESCA

MARÍA CRISTINA RESCA

María Cristina Resca es poeta y escritora, chaqueña, reside en la ciudad de Resistencia. Utiliza el seudónimo de Mariesca para publicar.
Es miembro de la comisión directiva de SADE, seccional Chaco.
Participó en las Antologías 2012- 2013 – 2014- 2015 y 2016 de SADE. En la antología Sendero de las letras y Noches sin soledad 2013. Este año, 2017, participa por tercera vez en la Antología del Instituto de Cultura Latinoamericano habiendo obtenido Mención de honor en las tres oportunidades. En Audiolibro, del mismo Instituto, obtuvo el primer premio En Poesía, en abril de 2017.

Tiene publicado, hasta la actualidad, seis libros, dos poemarios, el primero, Poemas al viento, editado en 2012. Apasionada, editado en 2014, de corte erótico. ¡¡¡ Hola !!!, sobre reflexiones de vida en 2015. Caminando relatos, relatos breves 2016 y Fuego en el alma, poemario recientemente publicado y el presente, segundo de reflexiones titulado "Desde el alma".

Tiene nueve páginas : Mariesca poeta; Flashes de vida; Pasión y Erotismo; Desafíos del Amor es poesía; Amor, siempre amor; Reflexionar ayuda; Cambalache; Desafíos del amor es poesía; Hoy cocinamos, de recetas de cocina. Además tiene tres grupos propios; El amor es Poesía, Amemos la vida y Conozcamos el Chaco.

En 2016 fue Nombrada "Directora Ejecutiva" y Miembro de CONLEAM (Confederación Latinoamericana de Escritores, Artistas y Poetas del Mundo).

Es miembro activo de más de doscientos grupos de poesías.

Regularmente asiste a encuentros de Escritores y Poetas que se realizan en diferentes ciudades del país. En la Feria del Libro en Bs. As. Presentó Apasionada en 2014, en 2015 ¡¡¡ Hola !!!, 2016 Caminando relatos.

En Facebook se la encuentra como María Cristina Resca y Cristina Resca II. E Mail: honey4@hotmail.es
Tweeter @ Mariesca
Instagram maríaresca

NO QUIERO...

No quiero que regreses,
quédate muy lejos
donde no te vea,
ni te oiga ...
No atiendas si te llamo,
será mi voz
que se niega a olvidarte...
No escuches si te dicen
que estoy sola
y aún te espero...
No creas que si vuelves
te querré...
No quiero verte ni sentirte...
Cada instante que te quise,
tú te fuiste y me dejaste.
No regreses,
ya no quiero estar,
cuando te vayas...

Mariesca

CUANDO...

Cuando te sobre tiempo
y te sientas solo,
recuerda que un día
me tuviste a tu lado
y que nos amamos
con amor verdadero.

Cuando sientas la ausencia,
piensa en el tiempo
donde no había espacios
sin ocupar.

Cuando encuentres tu lugar
en el mundo,
no olvides el que tuviste
a mi lado.

Cuando te olvides de mí
y pienses que yo también olvidé...
quiero que sepas que lo intenté,
pero no lo he conseguido.

Mariesca

.

VESTIDO DE NOCHE

El día se vistió de noche...
despidió a la tarde..
con el ocaso ruborizó
su rostro...
las estrellas dieron luz
a sus ojos...
la luna peinó sus cabellos
dejando brillos de plata.
Comenzó la fiesta teñida de negro,
cientos de luces iluminan el cielo,
estrellas fugaces desfilan
dejando su colorida cola un rastro ligero...
Universo poblado de sueños
disfrutan las horas
antes que el alba interrumpa
iluminando el espacio,
con rayos de luz de un sol naciente.

Mariesca

LAS MENTIRAS QUE GUSTAN...

Es tan fácil prenderse
a un te quiero,
creer las promesas
que tal vez nunca
se cumplan...
Es tan fácil enamorarse
de una linda fachada,
de una mirada hechicera...
de unos besos ardientes...
de una caricia a tiempo...
Es tan fácil caer en las redes
de quien sabe pescar...
del que sabe colocar trampas...
del audaz seductor...
Es tan fácil creer lo que dicen,
las dulces palabras...
los susurros en el oído...
Es tan fácil pensar que todo es real,
tanto, como pensar que te mienten...
pero a quién no le gusta
que de vez en cuando...
alguien le endulce la vida,
aunque en el fondo sepa
que es una sucia mentira.

Mariesca

BASILIO EDUARDO ROMERO QUINTEROS

Santa Fe

Argentina

BASILIO EDUARDO
ROMERO QUINTEROS

BASILIO EDUARDO ROMERO QUINTEROS

Nacido en 1949. Escribo desde los 14 años, primera publicación en la Revista de SADE Rosario en el año 1985. Diversas publicaciones en Revistas Literarias de la Ciudad de Rosario y Zona, difusión en programas de Radios FM. Pertenezco al grupo literario GEPAN de Rosario habiendo publicado en las Antologias del Grupo y en la Antologia de Del Alma Editores .Participante del Primer Encuentro Internacional de Escritores Ciudad de Cosquin 2018.

Comienzo.
Quisiera poder contarte
hoja virgen que hiero
con mi pluma de principiante,
contarte todo lo que siento
a flor de piel, tan caliente,
que si no te lo digo, me quemo.

Quisiera poder contarte
de las cosas de la vida
sin ataduras, tan simple,
como el cantar del agua
en los patios, cuando cae
y el chocar de ella en mi cara.

Quisiera poder contarte un encuentro,
una noche estrellada,
un día lleno de viento,
el reflejo de la luna
en tu cara, en el cielo,
como en el agua.

Quisiera contarte de un pájaro,
de su belleza y de su vuelo,
un bote cruzando
a lo largo el río,
del mar todo su brío,
la plena alegría de un niño.

Quisiera contarte la sabiduría
de la madre naturaleza.
Contarte todo lo idiota
del hombre al ser egoísta
y de las luchas que tendría
por su desmedido afán de grandeza.

Quisiera hasta el fin contarte
tantas y más cosas de la vida,
pero olvido que soy un principiante
y sin palabras, mi deseo se termina.
Pero sé que volveré a tenerte
pues tu virginidad, es sólo mía.

Basilio Eduardo ROMERO QUINTEROS.
ROSARIO, Argentina. Marzo 1972.
Derechos Reservados. Ç.

ANALISIS 2.

Sin duda es un placer
el deslizar de las letras al escribir
como si el lápiz fuera un buril
que va creando el acontecer
de contar los acontecimientos,
describir la luna, el sol, los vientos,
los hijos, la vida y el color
que tiene la misma, sus desdichas

sus angustias acompasadas
su impotencia en la lucha
de hacer cada día, un instante
de análisis personal, inmediato
siendo ese hecho tan importante
como tantos otros, y saber cuánto
todos los días, paso a paso
la vida se nos escapa, volando.

Basilio Eduardo ROMERO QUINTEROS
ROSARIO, Argentina. 1975.
Derechos Reservados. Ç.

EL AMOR SIMBOLIZA.

El amor simboliza siempre al camino
de los buenos sentimientos.
Aquellos que marcan el destino
de los hermosos momentos.

El amor simboliza el primer encuentro
de dos almas en completa soledad.
Dos miradas que buscan todo el centro
de sentirse correspondido con la verdad.

El amor simboliza la sensación eterna
de sentirse parte de lo viviente.
Sintiendo la voluntad pura y tierna

que a diario la felicidad lo aliente.
A subir montañas con una y otra pierna.
A compaginar vivencias eternamente.

ROSARIO, Argentina.
8 Julio 2013.
Derechos Reservados. Ç.
Basilio Eduardo ROMERO QUINTEROS.

LA EDAD MAYOR.

La Edad Mayor nos llega
sólo cuando nos cansamos
de aquello que estábamos
empujando para ser mantenidos.

Haber logrado mantener la paciencia,
ser y tener a un buen acompañante,
compartir las alegrías de la gente,
sostener la llama viva del amor latente

por el solo hecho de gozar la Vida.
Seguir brindando el criterio justo,
comprender al otro y dar aliento
y con los cambios ser receptivo

que nos impone sobre la marcha
a nuestra salud la Vida con manchas.
Y dar las gracias a todos y a todas
por ser lo que son en todos los días

de nuestra corta existencia.
Y que perdonen lo hecho y por todo,
los amigos, por lo que me he olvidado . . .
Seguro que me lo han escrito y no lo recuerdo . . .

ROSARIO, Argentina.
11 Julio 2013.
Derechos Reservados. Ç.
Basilio Eduardo ROMERO QUINTEROS.

MIS GRACIAS.

Gracias a ti por ser.
Gracias a ti por sentir.
Gracias a ti por hacer.
Gracias a ti por Existir !!

ROSARIO, Argentina.
21 Setiembre 2013.
Derechos Reservados. Ç.
Basilio Eduardo ROMERO QUINTEROS.

SUSANA ZOGBI

Córdoba

Argentina

SUSANA ZOGBI

INSOMNIO

Mientras la lluvia hila
una monótona plegaria,
la Ausencia
abre su equipaje de figuras
exhumadas
del cementerio del sueño.

PAISAJE

Tarde de otoño.

Calles vestidas de ámbar.

Tras la llovizna tardía
se encendieron los verdes fugitivos.

Ahí,
en "Piedras Azules"
un biguá detenido
deletrea riveras.

LOS ÁRBOLES ESPOLVOREAN ORO SOBRE EL RÍO

La mica juguetea
con traviesos destellos,
mis pellizcos le roban pedacitos

que me sujeto al pelo.

El horizonte enciende una fogata.

Una pincelada de bermejo
solemniza el momento.

INVITADO ESPECIAL

DANTE SCARPONE

DANTE SCARPONE

Dante Scarpone nació el 12 de junio de 1989 en Rosario (Argentina), en el seno de una familia de clase media. A los pocos años se mudó a la ciudad vecina de Funes, donde vive actualmente. Siempre disfrutó mucho pasar el tiempo escuchando discos y leyendo libros. A los 17 años comenzó a estudiar piano con profesores particulares, desarrollando la técnica, y a los 21, comenzó a entender el hecho de que ésta es una herramienta que ayuda a embellecer el arte, a perfeccionar el mensaje, pero que el mensaje se aprende en otro lado. Al mismo tiempo logró alcanzar su sueño de la adolescencia, vivir por y para la música.

Desde pequeño se sintió muy seducido por la literatura, desarrollando el rol de lector y animándose al de escritor. Sus lápices fueron usados principalmente para escribir canciones, pero en no pocas ocasiones dedicó su pluma a los poemas y a los cuentos cortos. La relación que él siente entre la música y la literatura es tan grande que muchas veces se olvida de los límites, creyendo que escribir un cuento o una canción es prácticamente lo mismo.

Desde 2009 comenzó a tocar en vivo con distintas agrupaciones. Hasta el 2012 formó parte de una banda de rock experimental llamada "Los cuentos de la buena Pipa" tocando el sintetizador, con la cuál grabó 2 discos. En 2013 comenzó a dar clases particulares de piano en Funes y sus alrededores, actividad que mantiene hoy día. En 2015 grabó un EP de 4 canciones con su dúo de jazz y boleros llamado "Té de Tilo", cumpliendo el rol de pianista, y en 2016 sacó a la venta su primer disco de estudio con su banda de rock llamada "El egotismo de Nildo", desarrollándose como letrista, cantante y tecladista.

Actualmente está terminando de grabar su primer disco solista titulado "Normal", donde vuelca de manera inocente y caprichosa, todo su conocimiento pianístico, literario, de síntesis y producción musical, obteniendo una gran variedad de colores y matices en sus canciones.

¿A QUIÉN VAS A ESCUCHAR?

Estoy pensando lentamente en la idiotez de nuestras mentes
Las caretas que desfilan las mentiras son divinas
Reservadas está tu cama, reservado a mi silencio
Reservadas están mis lágrimas, reservados a tus sentimientos
Y mi hoja está algo húmeda, pero mi lápiz puntiagudo
No respondo tus preguntas solo son palabras juntas
Que te tocan te desvisten te seducen y te muerden en lo más
Profundo de ti.
El sol que ilumina la productividad de nuestras vidas
El trabajo, la familia, el protocolo y la rutina,
Y la luna que despierta los fantasmas de la noche
Que te observan, te machacan y te empujan al abismo
Del ensueño, de los excesos,
De las preguntas sin respuestas que conviven con nosotros
Y nos hacen, temerosos,
Desconfiados, pelotudos insensibles vendedores de
Mentiras, disfrazadas de poesías
Felicito al costurero y maldigo al embustero
Al cobarde, fracasado, envidioso y soberbio
Que busca afuera lo que nunca se animó a buscar adentro
No sé si entenderás,
Lo que está pasando aquí,
Lo que estoy sintiendo en mí.
No sé si encontrarás
Lo que estás buscando aquí.
Ese calor que no se apaga nunca más.
No tengas miedo a ser normal
Es normal tener miedo
Para Dios somos únicos e irrepetibles
Pero para la ley somos todos iguales:
¿A quién vas a escuchar?
Un océano repleto de opiniones y versiones
Que dependen de la marea y de la cercanía de los tiburones
Ojo donde saltes como nades y a quien comas
El exceso de confianza no es quien paga la fianza

Traficantes, vagabundos, ingenieros y arquitectos.
Guitarristas disc-jockeys y asesinos.
Cumpliendo con los roles que el sistema nos impone
Vamos juntos de la mano para que Dios nos perdone.
Más que ritmo de vida, veo vidas sin ritmo
No hay sentido no hay acento sólo hay quejas y monumentos
Llego tarde al trabajo y al ensayo,
Llego tarde a las comidas, a la familia y al descanso.
Inocente yo creía que lo puro nos movía,
Que el amor y la bondad nos gobernaban y decidían
Qué infantil y qué ingenuo resulté de muy pequeño,
Las paredes y el barro me despertaron de ese sueño.
Ahora ya despierto huelo mierda y no es de perro,
Mis oídos agudizados escuchan gritos y lamentos,
Ya no importa que me juzguen, me critiquen o me empujen,
Como Dios yo no sonrío y como Buda no respiro.
Del calor de este infierno no me ocupo ni preocupo
El telón de este teatro no la bajo ni lo subo,
Esta escena esta trillada ya la vi miles de veces
Una caja bien cerrada que está llena de estupideces.
No sé si entenderás,
Lo que está pasando aquí,
Lo que estoy sintiendo en mí.
No sé si encontrarás
Lo que estás buscando aquí.
Ese calor que no se apaga nunca más.
No sé si entenderás,
Lo que está pasando aquí,
Lo que estoy sintiendo en mí.
No sé si encontrarás
Lo que estás buscando en mí.
Ese calor que no se apaga nunca más.

© El Egotismo de Nildo el Suspirante by El Egotismo de Nildo

SIN MORALEJA

Volando bajo ya por esta tierra,
yo descubrí como trepar al árbol.
Volando alto cerca del sol, yo descubrí quien soy.
Esto que ves, esto que oís, esta energía que vibra aquí.
Una enseñanza no te dejará, ni mucho menos te cambiará.

Esto que digo acá, esto que suena allá, sin moraleja
presente y que da vueltas
Esto es una canción para relajar.
Esto que digo acá, esto que suena allá, sin moraleja presente y
que da vueltas
Esto es una canción para relajar, para sentir y no pensar,
Y estar contento y respirar, y bajar un poco nuestro andar
Y viajar.

DETESTO ESTO

Vení ya no te quedes tirado en tu infierno,
compartilo conmigo para mí no es veneno.
Algunas cosas pasan sin mucho sentido
quiero verte otra vez caminando y erguido.
Tu herida te duele y todavía te sangra,
cicatrices que esperan por ser dibujadas.
A veces cuesta mucho encontrar la sonrisa,
vos tranquilo buscala que no hay tanta prisa.

DETESTO ESTO

Yo te lo recuerdo pero ya lo sabes,
acá todo el mundo quiere verte otra vez,
Hablando idioteces, riendo en la mesa,
compartiendo un cigarro y bebiendo cerveza.
La lluvia que cae cuando el cielo se nubla,
la luz que se ausenta y el trueno que asusta.
Por suerte hay amigos que siempre te esperan,
contento en sus casas prendiendo una vela.

INDICE DE AUTORES

Zira Luz Aimé 11
María Elena Altamirano 23
María Isabel Bougnon 33
Libia Beatriz Carciofetti 43
María Cristina Cordido 55
Elena Demitropulos 63
Sonia Fabiola Demitrópulos 73
Maria Amelia Dinova Castro 83
Liliana Emerson 93
Walter Amaro Fernández 101
Liliana Ferreira 109
Graciela Formoso 119
Elva González García 127
Gladys Viviana Landaburo 137
Roberto Jesús Martínez 145
Sonia Patricia Monné 157
Héctor Luis Ojeda 165
Frede Peralta 177
María Cristina Resca 183
Basilio Eduardo Romero Quinteros 193
Susana Zogbi 203

INVITADO ESPECIAL
Dante Scarpone 209

©2018

www.ingramcontent.com/pod-product-compliance
Lightning Source LLC
Chambersburg PA
CBHW062206080426
42734CB00010B/1809